U0866484

职业卫生防护知识随身读

噪声危害防护知识随身手册

本书编写组◎编

中国工人出版社

图书在版编目（CIP）数据

噪声危害防护知识随身手册 / 《噪声危害防护知识随身手册》编写组编.
—北京：中国工人出版社，2018.5
ISBN 978-7-5008-6943-6

Ⅰ.①噪…　Ⅱ.①噪…　Ⅲ.①听力保护—手册　Ⅳ.①X912-62

中国版本图书馆CIP数据核字（2018）第087268号

噪声危害防护知识随身手册

出 版 人	芮宗金
责任编辑	石钰艳
责任校对	赵贵芬
责任印制	栾征宇
出版发行	中国工人出版社
地　　址	北京市东城区鼓楼外大街45号 邮编：100120
网　　址	http://www.wp-china.com
电　　话	（010）62005043（总编室） （010）62005039（出版物流部） （010）62382916（职工教育分社）
发行热线	（010）62005996　（010）82075964（传真）
经　　销	各地书店
印　　刷	北京美图印务有限公司
开　　本	787毫米×1092毫米 1/32
印　　张	2.375
字　　数	40千字
版　　次	2018年6月第1版　2018年6月第1次印刷
定　　价	15.00元

前言 | Preface

职业健康安全是全面小康的必然要求，也是全面小康的重要内容。习近平总书记强调，没有全民健康，就没有全面小康。近年来，在全社会各方面的共同努力下，我国职业健康安全状况不断改善，事故起数和死亡人数连续多年下降、职业病防治取得积极进展，但发展不平衡、不充分的问题仍然突出，安全生产和职业病防治形势不容乐观。在生产劳动中，接触生产中使用或产生的有毒化学物质，粉尘气雾，异常的气象条件，高低气压，噪声，振动，微波，X 射线，γ 射线，细菌，霉菌；长期强迫体位操作，局部组织器官持续受压；等等，均可引起职业病。

随着职业病防治工作的推进，各级工会、安监机构以及企业举行了各种形式的活动来普及职业病防治知识，监督企业改进生产装置，帮助职工防范职业病的发生。这类活动不仅让职工尊法、学法、守法、用法，运用法律的武器来维护自己的权益。另外，不断加强职业病防治法律法规、职业病防治知识的宣传普及，建立职业病防治宣传工作长效机制也尤为重要。

为深入贯彻落实《职业病防治法》，中国工人出版社组织职业病防治领域专家策划出版了“职业卫生防护知识随身读”丛书。首批推出《职工个体防护知识随身手册》《职业卫生应急知识随身手册》《尘肺病预防知识随身手册》《噪声危害防护知识随身手册》和《职业中毒防护知识随身手册》五本口袋书，希望引导职工了解更多职业病危害及防范措施，提高自我防护能力。书中的疏漏和不足之处，恳请各位读者不吝指正。

编者

2018 年 3 月

目录

Contents

第一部分 工业噪声及其危害

第二部分 工业噪声的预防控制措施

第三部分 职业性噪声聋的诊断、治疗

第四部分 权益维护

第一部分
工业噪声及其危害

01 什么是声音?

声音是由物体振动产生的，振动的物体称为声源。振动在弹性介质中（气体、液体和固体），以波的形式传播，其一定频率范围内的波动作用于人耳引起对声音的感知。频率的单位为赫兹，符号为 Hz。

正常人耳能听到的频率在 20~20000Hz，低于 20Hz 的是次声，高于 20000Hz 的是超声。人们在日常说话时的语音信号频率在 300~3000Hz。

反映声音强弱等级的单位是分贝，符号为 dB。如细声细语在 20dB 左右，安静的房间在 40dB 左右，普通谈话在 60dB 左右，吸尘器吸尘声在 80dB 左右，割草机声在 100dB 左右，链锯声在 120dB 左右，喷气式飞机附近可达 140~150dB 甚至更高。

02 什么是噪声？

噪声是生活中和工作中使人不舒适、厌烦以致难以忍受的声音，它通常是各种不同频率和不同强度的声音无规律的组合。如果在三步左右距离对话需提高声音来沟通，通常被认为我们已经暴露于有危害的噪声环境中了。

03 噪声对人体有哪些危害？

噪声对人体的影响是多方面的。

听觉系统损害：

早期人们注意到长期接触一定强度的噪声，可以对听觉系统造成危害，主要表现在：

（1）听觉敏感度下降、语言接收和信号辨别力差。

（2）耳鸣，凭空听到嗡嗡声或其他不正常的声音。

（3）交谈困难，听不清别人在说什么。

（4）所有的声音都听不真切，像被闷住了一样。

（5）严重时会造成听力损失和职业性噪声聋。

经过长期研究发现，噪声也会影响其他系统的正常生理功能。主要表现在：

（1）神经系统出现神经衰弱综合征，脑电图异常，植物神经系统功能紊乱。

（2）心血管系统出现血压不稳（多数表现增高），心率加快，心电图有改变（窦性心律不齐，缺血型改变）。

（3）消化系统出现胃液分泌减少，蠕动减慢，食欲下降。

（4）内分泌系统表现为甲状腺功能亢进，肾上腺皮质功能增强，性功能紊乱，月经失调，等等。

04 噪声对人体危害程度及致害因素有哪些?

长期接触噪声会对人体产生危害。其危害程度主要取决于:

(1)频率的高低:频率越高,危害越大。

(2)噪声强度(声压)的大小:强度越大,危害越大。

(3)接触时间的长短:接触时间越长,危害越大。

(4)噪声的特性:脉冲噪声比稳态噪声危害要大。

(5)接触的方式:连续接触比间断接触危害要大。

(6)个体敏感性:由于个体敏感性不同,噪声的致害程度也不尽相同。如在同样噪声环境下,有些人听力损失严重,有些人则较轻。

05 噪声对听力损失影响的过程是什么？

听力损失在初期为高频段（3000～6000Hz，尤其在4000Hz出现“V”形下陷），听力下降，语音频段无影响，尚不妨碍日常会话和交谈。

如连续接触高噪声，病情将进一步发展，语言频段的听力开始下降；达到一定程度，即影响听清谈话。

当出现耳聋的现象时，已发生不可逆转的病理变化。

听力损失可分为暂时性和永久性两种。

06 什么是工业噪声？

生产过程中产生的声音，其频率和强度没有规律，听起来使人感到厌烦，称为生产性噪声或工业噪声。存在有损听力、有害健康或有其他危害的声音，“噪声声级≥80dB（A）”的工作为噪声作业。

07 工业噪声的分类有哪些？

工业噪声由于产生的动力和方式不同，可分为机械性噪声、空气动力性噪声、电磁性噪声。

根据噪声随时间变化的特点，工业噪声又可分为稳态噪声、非稳态噪声和脉冲噪声。

08 什么是稳态噪声？

稳态噪声是指在观察时间内，采用声级计“慢档”动态特性测量时，声压级波动<3dB（A）的噪声。如纺织行业的织布机、纺纱机开启后持续工作，车间内噪声始终保持平稳状态。

09 什么是非稳态噪声？

非稳态噪声是指在观察时间内，采用声级计“慢档”动态特性测量时，声压级波动≥3dB（A)的噪声。如机械加工行业的铣床、钻床、车床、打磨等作业。当进行部件加工时噪声很大（可能超过90dB)，没有部件加工时噪声较小（80dB左右)，劳动者所接触的此种噪声就是非稳态噪声。

10 什么是脉冲噪声？

脉冲噪声是指噪声突然爆发又很快消失，持续时间≤0.5秒，间隔时间>1秒，声压有效值变化≥40dB（A）的噪声。劳动者接触的工种主要有机械加工行业冲床、煅床、剪床、钣金等作业。

11 工业噪声的来源有哪些?

(1) 机械的撞击、摩擦和转动而产生的噪声，如织布机、球磨机、电锯、锻锤、冲压、破碎、爆破等产生的噪声。

(2) 气体压力发生突变引起气流的扰动而产生的噪声，如鼓风机、汽笛、喷射器、离心风机、空气压缩机、锅炉排气放空等所发出的噪声。

(3) 由于磁场脉动、电源频率脉动引起电器部件震动而产生的噪声，如发电机、变压器、整流器等所发出的噪声。

常识速记

目前影响工人健康、严重污染环境的十大工业噪声源是风机、空压机、电机、柴油机、织机、冲床、圆锯机、球磨机、高压放空排气以及凿岩机等。

12 产生噪声的行业和工种有哪些？

存在噪声危害的行业和工种分布非常广泛，卫生部2015年颁布的《职业病危害因素分类目录》中，列举了61个可能导致噪声聋的行业工种。在实际工作中产生噪声的主要工种是：

（1）机械加工、制造：下料、剪切、锻造、冲压、辊压、铆接、落砂、造型。

（2）金属表面处理：抛光、喷砂、清理。

（3）煤矿及其他矿山开采：凿岩、爆破、掘进等。

（4）纺织服装：轧花、纺纱、织造、制条、染整等。

（5）热电：碎煤、球磨、汽机发电、司炉。

（6）水泥制造：破碎、研磨。

（7）公路、铁路、水利建设：开凿隧道、

爆破。

（8）建筑建材：石料破碎、碾磨、凿岩、钻孔、打桩等。

13 职业性噪声聋症状有哪些？

职业性噪声聋的主要表现是：耳鸣、耳聋、头痛、头晕，有的伴有失眠、头胀感等。早期表现为工作后几小时内有耳鸣，以后为顽固性的，症状不再消失。有的患者还伴有眩晕、恶心或呕吐等。

常识速记

长期在强烈噪声的环境中工作又得不到适当恢复时，可以损伤听神经细胞而逐渐失去听觉，由此造成的耳聋，称作“职业性噪声聋”。这种病变通常是双耳都受损害。用听力计检查，多表现为在4000Hz为中心的高频部分先丧失听觉，以后逐渐扩大，直至语言也听不到。

14 爆震性耳聋主要症状是什么?

爆震性耳聋的症状主要表现为：出现鼓膜破裂，中耳听骨错位，韧带撕裂，内耳螺旋器破损，甚至出现脑震荡。患者主诉耳鸣、耳痛、恶心、呕吐、眩晕。检查可发现听力严重障碍甚至全聋。如内耳未受严重损伤，听力可全部或部分恢复。

常识速记

有些作业如爆破、武器试验等，由于防护不当或缺乏必要的防护措施，可因爆炸所产生的强烈噪声和冲击波造成听觉系统的严重损伤而丧失听力，此称为爆震性耳聋。

第二部分

工业噪声的预防控制措施

01 工业噪声的预防控制措施有哪些？

预防听力损失的措施主要有工程控制措施、管理措施和个体防护措施。

工程控制措施：首先应考虑改进产生噪声的工艺、设备和材料，从治理噪声源入手，尽可能从根本上减少噪声的产生。此外，诸如隔声（给噪声设备加罩）、隔振（在产生噪声的设备下加弹簧减振器、橡皮、软木、沥青毡、玻璃纤维毡等）、吸声（在金属板上涂一层阻尼材料，如沥青、软橡胶或其他高分子涂料）的控制措施，也可以起到降噪效果。

管理措施：管理措施是非常重要的措施，只要存在噪声危害，管理措施都是必需的，管理内容包括：

（1）噪声暴露的常规监测和记录。

（2）对劳动者听力检测的记录管理。

（3）对工程控制措施的评价。

（4）对降噪设备的管理和维护。

（5）建立护耳器选择、使用和维护规程，并进行监督检查。

（6）对噪声污染区域进行管理，包括张贴警示标牌，规定所有进入该区域的人员必须佩戴护耳器；或限制、减少进入人员数量及停留时间。

（7）对听力保护计划执行情况的审察。

（8）合理安排劳动和休息，缩短暴露时间。

个体防护措施：如果作业场所的噪声强度暂时不能得到有效控制，佩戴个人防护用品是保护劳动者听觉器官的一项有效措施。各种设计的护耳器（也称护听器），可以供不同作业人员选用，如果选择、使用和维护得当，可以达到很好的降噪效果。

02 国家对噪声作业场所有哪些职业卫生管理要求？

（1）企业应结合自身实际情况制订本企业的劳动者听力保护计划，并指定受过专门培训的人员负责组织实施。

（2）企业应对作业场所噪声进行监测，确定噪声暴露≥85dB（A）的人群，并将监测结果告知有关劳动者。

（3）接触噪声作业的劳动者应进行基础听力测定和定期跟踪听力测定。

（4）企业应对接触噪声作业的人员配备具有足够噪声衰减能力、佩戴舒适的护耳器。

（5）定期进行听力保护培训、检查工程控制措施及护耳器使用情况，确保听力保护效果。

03 如何看作业场所噪声限值?

国家对作业场所噪声制定了卫生标准，作业场所噪声低于国家标准，对于每日工作8小时或每周工作40小时的绝大多数劳动者来说，发生职业性听力损伤的可能性小；作业场所噪声高于国家标准，用人单位应采取综合措施，降低作业场所噪声强度，并按国家标准《护听器的选择指南》（GB/T 23466—2009）的要求为劳动者配备耳塞、耳罩。

劳动者可以通过作业场所噪声监测结果告知牌，了解噪声是否达到国家标准的要求。

04 从事噪声作业劳动者应遵循哪些基本卫生防护要求?

（1）从事噪声作业劳动者，应学习、掌握和遵守岗位操作规程，了解作业场所存在的噪声危害因素和可能造成的健康损害。

（2）定期对隔声、吸声、减振设施或材料进行检查，保证其处于良好状态，如果发生异常，要及时报告，进行维护。

（3）按要求坚持并正确地佩戴个人防护用品。

（4）参加用人单位安排的职业健康检查。

05 用于预防噪声危害的个人防护用品有哪些？

用于预防噪声危害的个人防护用品常见的有耳塞和耳罩两大类。

耳塞是可以塞入外耳道的有隔声作用的材料。

常识速记

耳罩的形状像耳机，用隔声的罩子将外耳罩住，耳罩之间用有适当夹紧力的头带或颈带将耳罩固定在头上，也可以插槽与安全帽配合使用。

泡棉耳塞使用发泡型材料，压扁后回弹速度比较慢，允许有足够的时间将揉搓细小的耳塞塞入耳道，耳塞慢慢膨胀将外耳道封堵，起到隔声作用。

预成型耳塞由合成类材料（如橡胶、硅胶、聚酯等）制成，预先模压成某些形状，可直接插入耳道。

06 使用听力防护用品时要考虑哪些因素？

选择听力防护用品时，要考虑作业条件和使用者的特殊需求。

（1）要有合适的降噪效果。

（2）要符合现场环境的要求，如在湿热环境中尽可能选用耳塞。

（3）不干扰其他防护用品的使用，如同时使用安全防护眼镜时尽量选用耳塞。

（4）舒适性要相对较高，使用者愿意佩戴，保证足够的佩戴时间。

07 耳塞、耳罩各有哪些特点?

耳塞的特点包括:

(1) 体积小，便于携带，也容易丢失(可以选择带线耳塞加以解决)。

(2) 不妨碍其他防护用品的佩戴。

(3) 在湿热环境，长时间佩戴比耳罩舒适。

(4) 佩戴耳塞需要一定的技巧，使用人员需要经过培训。

(5) 泡棉耳塞需要用手揉搓，不适合平时手脏的人使用。

耳罩的特点包括:

(1) 佩戴方法比耳塞简单，佩戴位置稳定。

(2) 体积大，有可能会与其他防护用品(安全帽、眼镜、呼吸器等) 产生冲突。

(3) 户外、寒冷作业人员使用可同时起到保暖效果。

（4）使用寿命较长，平时需要维护保养。

08 耳塞、耳罩使用佩戴规程包括哪些？

进入噪声作业场所前：

（1）检查耳塞、耳罩是否完好。

（2）按照正确佩戴方法进行佩戴。

（3）做佩戴密合性检查。

在噪声工作区域：始终都要坚持正确佩戴。

离开工作岗位：

（1）到达安全区域后，摘下耳塞、耳罩。

（2）按照产品使用说明，正确清洗可重复使用耳塞、耳罩。

09 如何正确佩戴耳塞和耳罩？

使用者在使用耳塞、耳罩前应认真阅读产

品使用说明书，并按照产品使用说明正确佩戴。

耳塞的使用：

（1）佩戴泡棉耳塞之前，应先清洗双手。

（2）左耳佩戴耳塞时，一边用左手将耳塞压扁、揉细，一边用右手从头的后方向上、向外拉左耳耳郭，尽量把耳道拉直，同时用左手将耳塞塞入耳道，耳塞膨胀后在耳道内成形堵住耳道。

（3）用同样的方法佩戴右耳耳塞。

（4）佩戴预成型耳塞也必须用手拉直耳道，塞入耳塞前不需要揉搓，直接将耳塞塞入耳道。

耳罩的使用：

不同的耳罩，佩戴和调整的方法略有不同，应详细阅读产品说明书。需要注意的是应尽量调节耳罩杯在头带、颈带上的位置，使两耳位于罩杯中心，并完全覆盖耳郭；头带应垂直安放在头顶位置；另外，头发、胡须、耳饰等都可能影响耳罩的密封，尽量将头发移到合适的位置，如耳饰影响密封，应摘下耳饰，以保证耳罩垫圈的密封。

10 如何自我检查耳塞是否佩戴好？

佩戴好耳塞后，应做耳塞佩戴气密性检查，方法如下：

进入噪声作业环境，双手手掌盖住双耳，听外面的声音，然后将双手拿开，如果前后听到的声响没有明显区别，说明密合良好。如果声响差别较大，说明耳塞没有与耳道很好地密合，需要重新佩戴。

11 离开噪声作业环境摘除耳塞需要注意些什么？

摘除耳塞时，应用手旋转耳塞，慢慢地将耳塞转出耳道，切忌将耳塞快速、直接地拽出耳道。

12 为何在噪声场所始终要坚持佩戴耳塞、耳罩?

噪声对听力的损害与暴露时间和暴露强度有关，佩戴时间不足往往是防护失效的一个重要原因。如某工作场所操作人员需要 8 小时佩戴耳塞、耳罩，所使用的耳塞、耳罩的标称降噪值为 30dB。

（1）佩戴 8 小时（100%时间），能够取得 30dB 的降噪效果。

（2）佩戴 7.5 小时（93.7%时间），有效防护只有 12dB（40%防护效果）。

（3）佩戴 4 小时（50%时间），有效防护 3dB（10%有效防护）。

常识速记

耳塞、耳罩佩戴时间缩短，有效防护将出现锐减。尽管佩戴耳塞、耳罩后，会感到不舒适、不适应，感觉说话沟通受到影响，但为了保护好自己的听力以及自己和家人的未来，在噪声工作场所应始终坚持正确佩戴耳塞、耳罩。

13 在噪声工作场所需要沟通交流怎么办？

护耳器的作用是降低噪声水平，佩戴护耳器后，使用者仍然可以听到一定强度的声音，就像戴上太阳眼镜后仍然可以看见周边环境一样。

在噪声工作场所需要短时沟通交流时，在条件许可下，尽量靠近工友，并提高声音，大声说话，或使用纸笔书写交流。

可以使用一按即听耳罩，此类耳罩通过伺服电路功能，将外界声音还原或放大至额定声压级，让佩戴者在电路开启时能较为清晰地听到外界环境的声音。

使用降噪通信产品，此类护耳器可以与无线电对讲机、数字无绳电话或移动电话连接，在降噪的同时，提高沟通的清晰度、准确性和便利性。在军事、石化、机场、建筑、救援等方面有很好的应用。

14 如何正确维护和更换耳塞、耳罩?

耳塞、耳罩的使用寿命是有限的，需要更换和维护。不同产品的维护、保养和更换要求各不相同，使用者应认真阅读产品使用说明书，按要求正确地维护和更换。

耳塞的维护和更换：

（1）不能水洗的耳塞，脏污、破损时应废弃，更换新的。

（2）能水洗、可重复使用的耳塞，破损或变形时应更换。

（3）耳塞清洗后，应放置在通风处自然晾干，不可暴晒。

耳罩的维护和更换：

（1）耳罩垫圈可用布蘸肥皂水擦拭干净，不能将整个耳罩浸泡到水中，尽可能不要接触化学物质。

（2）耳罩垫圈长期使用后会老化或破损，应根据制造商建议适时更换配件。

（3）耳罩头带变松后，将不能很好地密合，需更换新耳罩。

（4）在清洁、干燥的环境中储存，避免阳光直晒。

15 从事噪声作业劳动者为什么要实时进行职业健康检查？

职业健康检查是指对从事噪声危害作业劳动者进行的特定身体检查。包括上岗前、在岗期间、离岗时检查。其目的是早期发现和治疗由噪声引起的健康损害，保护劳动者的身体健康。从事噪声作业劳动者的职业健康检查，其项目应包括纯音听阈测试、心电图。

16 职业健康检查与一般检查有什么不同？

一般检查是用人单位对非接触职业病危害作业的劳动者进行的身体检查，属常规检查，以查五官科、内科、泌尿科、妇科等为主，以发现常见病，早期治疗，其目的是保护劳动者的健康。

职业健康检查与一般检查不同之处在于：

（1）职业健康检查具有针对性。如就业前的职业健康检查，是针对即将从事有害作业工种的职业禁忌进行的。

（2）职业健康检查具有特异性。不同的职业病危害因素造成的健康损害不同。如噪声作业，主要是引起听力损伤，因此要做纯音听阈测试。

（3）职业健康检查具有强制性。为保护劳动者的职业健康，用人单位对从事噪声作业劳动者进行上岗前、在岗期间和离岗时的职业健康检查是强制性的，对此国家法律有明确规定。

（4）职业健康检查不是所有医院都能进行。应由取得省级以上人民政府卫生行政部门批准的医疗卫生机构进行，否则检查结果无效。

17 为什么上岗前必须进行职业健康检查？

上岗前职业健康检查的主要目的是：掌握劳动者是否有职业禁忌证，是否适合从事噪声作业，以便建立从事噪声作业劳动者的基础健康档案。上岗前为劳动者进行的职业健康检查，不是剥夺有职业禁忌证劳动者的劳动权利，而是保护其身体健康。

常识速记

上岗前的职业健康检查，是指用人单位对即将从事噪声作业的劳动者在上岗之前对劳动者身体进行的特定检查。上岗前职业健康检查是强制性的，应在劳动者从事接触噪声作业前完成。对于即将从事噪声作业的新录用人员，包括转岗到接触噪声作业岗位的人员，均应进行上岗前的职业健康检查。

18 上岗前职业健康检查的内容有哪些？

从事噪声作业劳动者的上岗前职业健康检查，要重点询问有无外耳道流脓、耳痛、耳鸣、耳聋、眩晕，以及头晕、头痛、多梦、记忆力减退、睡眠差、心悸、胸闷、胸前区疼痛、多汗、乏力等症状；同时也要询问可能影响听力的外伤史、爆震史、药物史（如链霉素、庆大霉素、卡那霉素、新霉素、妥布霉素、万古霉素、多粘菌素、氮芥、卡伯、顺铂、利尿酸、水杨酸类、含砷剂、抗疟剂等）、中毒史（如酒精、烟草、一氧化碳等中毒）、感染史（如中耳炎、流脑、腮腺炎、流感、耳带状疱疹、伤寒、猩红热、艾滋病、疟疾、麻疹、风疹、水痘、梅毒等疾病史)、遗传史(如家庭直系亲属中有无耳聋等病史)等。

纯音听阈测试、心电图、血常规、尿常规、肝功能等，是上岗前职业健康检查的必检项目。

19 为什么在岗期间必须进行定期职业健康检查?

在岗期间职业健康检查的目的，主要是早期发现听力损失病患者、及时发现有职业禁忌证的劳动者和对“观察对象”进行动态观察，以便将患有职业禁忌证或受到早期职业健康损害者及时调离，安排适当工作。此外，通过在岗期间的职业健康检查，还可以动态观察劳动者群体的健康变化，并对作业场所噪声危害的控制效果进行评价。

定期职业健康检查应重点询问有无外耳道

流液、耳痛、耳鸣、耳聋、眩晕等耳部症状和噪声接触史等，并重点检查纯音听阈测试、心电图。

常识速记

在岗期间的职业健康检查，是指用人单位依照国家规定，对长期从事噪声作业的劳动者健康状况定期进行的检查。2007年国家颁布的《职业健康监护技术规范》，对接触噪声作业劳动者的检查周期都做了详细规定：一年检查一次。

20 为什么离岗时必须进行职业健康检查？

离岗时的职业健康检查，是指劳动者在准备调离或脱离所从事的噪声作业前进行的全面健康检查。离岗时职业健康检查的主要目的是，确定劳动者在停止接触噪声作业时的健康状况。对于从事噪声作业的劳动者来说，离岗时的检查结果非常重要，这是劳动者一旦患职业性噪声聋获取职业病待遇的依据。

离岗职业健康检查应尽量安排在解除或终止劳动合同前一个月内。如最后一次在岗期间的健康检查是在离岗前90日内，可视为在岗时检查。用人单位如不安排离岗职业健康检查，劳动者可向当地卫生监督机构或劳动保障部门投诉，也可依法申请劳动仲裁。

离岗职业健康检查项目同在岗期间定期职业健康检查。

21 哪些人属于“观察对象”？

双耳高频（3000Hz、4000Hz、6000Hz）平均听阈≥40dB（HL）的需要进行观察。

22 职业健康检查发现异常怎么办？

对于职业健康检查发现异常，需要复查或

医学观察的劳动者，用人单位应当安排时间让劳动者前往检查机构进行复查或医学观察，需要进行职业性噪声聋诊断的，用人单位应当安排其到职业病诊断机构进行诊断。发现不适合从事噪声作业禁忌证的，用人单位应及时将其调离原工作岗位，并妥善安置。

（1）劳动者在得知职业健康检查结果出现异常时，应当按照用人单位的安排及时进行复查。

（2）需要进行职业病诊断的，应当配合职业病诊断机构进行诊断。

（3）如果身体情况不适合在原岗位工作，应当服从用人单位的安排，到新的岗位工作。

23 劳动者如何利用职业健康监护档案？

职业健康监护档案是劳动者健康监护全过程的客观记录资料，是系统地观察劳动者健康状况的变化、评价个体和群体健康损害的依据。职业健康监护档案由用人单位建立和保存。

常识速记

职业健康监护档案内容包括：劳动者的职业史、既往史、职业病危害接触史；作业场所的职业性有害因素监测结果；职业健康检查结果及处理情况；职业病诊断等资料。

劳动者有权查阅、复印本人的职业健康监护档案。用人单位应当如实、无偿提供档案的复印件，并在所提供的复印件上签章。劳动者离开原单位时，应当索要个人的健康监护档案复印件（原件由用人单位长期保存），并妥善保管好健康监护档案的所有资料，以备发生纠纷时用作证据，维护自身的合法权益。

第三部分

职业性噪声聋的诊断、治疗

01 到哪里诊断职业性噪声聋?

国家规定职业性噪声聋的诊断，必须在经省、自治区、直辖市人民政府卫生行政部门批准的承担职业病诊断的医疗卫生机构进行。劳动者可以在用人单位所在地、本人户籍所在地或者经常居住地依法承担职业病诊断的医疗卫生机构，进行职业性噪声聋的诊断。

02 申请职业性噪声聋诊断需要准备哪些材料?

劳动者申请职业病诊断应提交申请书、本人健康损害证明、用人单位提供的职业史证明等。职业史证明的内容应从开始接触噪声作业的时间算起，尽可能包括工种、工龄、接触噪声方式或操作特点、每日或每月的接触时间、是否连续接触噪声、作业场所的环境条件、降噪设施及其效果、历年作业场所噪声检测数据、个体防护等。

用人单位应当如实提供职业病诊断、鉴定所需的劳动者职业史和职业病危害接触史、工作场所职业病危害因素检测结果等资料；安全生产监督管理部门应当监督检查和督促用人单位提供上述资料；劳动者和有关机构也应当提供与职业病诊断、鉴定有关的资料。

03 职业病诊断、鉴定过程中，用人单位不提供相关资料怎么办？

职业病诊断、鉴定过程中，用人单位不提供工作场所职业病危害因素检测结果等资料的，诊断、鉴定机构应当结合劳动者的临床表现、辅助检查结果和劳动者的职业史、职业病危害接触史，并参考劳动者的自述、安全生产监督管理部门提供的日常监督检查信息等，作出职业病诊断、鉴定结论。

劳动者不能提供职业史证明的，可提交劳动关系证明材料作为佐证。劳动关系证明应当以劳动合同、劳动关系仲裁裁决书或法院判决书以及用人单位自认的材料为依据。

对于用人单位未与劳动者签订劳动合同或劳动合同期满，已经与用人单位解除劳动合同的，劳动者申请职业病诊断时，如果用人单位否认与劳动者的劳动关系，劳动者提供以下任何一种凭证并经过劳动部门认定，职业病诊断机构都可以作为职业性噪声聋诊断的依据：

(1) 能够证明劳动用工关系的资料，如工资支付凭证或记录（工资支付花名册）、交纳的各项社会保险费记录等。

(2) 能够表明劳动者身份的资料，如“身份证”、用人单位向劳动者发放的“工作证”等证件。

(3) 能够证明用工招用关系的资料，如劳动者填写的用人单位招聘“登记表”“报名表”等招用记录。

(4) 考勤记录以及3人以上其他劳动者的证言等。

04 劳动者对用人单位所提供的相关资料有异议怎么办?

劳动者如果对用人单位提供的工作场所职业病危害因素检测结果等资料有异议，或者因劳动者的用人单位解散、破产，无用人单位提供上述资料的，诊断、鉴定机构应当提请安全生产监督管理部门进行调查。安全生产监督管理部门应当自接到申请之日起30日内，对存在异议的资料或者工作场所职业病危害因素情况作出判定，有关部门应当配合。

劳动者对劳动关系、工种、工作岗位或者在岗时间有争议的，可以向当地的劳动人事争议仲裁委员会申请仲裁。接到申请的劳动人事争议仲裁委员会应当受理，并在30日内作出裁决。

如果劳动者无法提供由用人单位掌握的与仲裁主张有关的证据的，仲裁庭应当要求用人单位在指定期限内提供；用人单位在指定期限内不提供的，应当承担不利后果。

劳动者对仲裁裁决不服的，可以依法向人民法院提起诉讼。

05 诊断职业性噪声聋需要具备哪些要素？

（1）有明确的职业噪声接触史。

（2）有自觉的听力损失或耳鸣的症状，纯音测听为感音性聋；结合历年职业健康检查资料和现场卫生学调查。

（3）没有证据否定噪声与病人噪声性耳聋之间的必然联系的，应当诊断为职业性噪声聋。

06 职业性噪声聋的诊断及诊断分级标准是什么？

连续噪声作业工龄3年以上，纯音测听为感音神经性聋，听力损失呈高频下降型，根据较好耳语频（500Hz、1000Hz、2000Hz）平均听阈，作出诊断分级。

（1）轻度噪声聋：26～40dB（HL）。

（2）中度噪声聋：41～55dB（HL）。

（3）重度噪声聋：≥56dB（HL）。

07 劳动者对职业性噪声聋诊断结果有异议时怎么办?

如果劳动者对职业性噪声聋诊断有异议，可以向做出诊断的医疗卫生机构所在地方人民政府卫生行政部门申请鉴定。

职业性噪声聋诊断争议由市级以上地方人民政府卫生行政部门根据当事人的申请，并组织职业病诊断鉴定委员会进行鉴定。

劳动者对设区的市级职业病诊断鉴定委员会的鉴定结论仍不服的，可以向省、自治区、直辖市人民政府卫生行政部门申请再鉴定。省级职业病诊断鉴定是终极鉴定。

08 对诊断为职业性噪声聋患者的处理原则是什么？

（1）观察对象不需要调离噪声工作场所，但同时患有耳鸣者例外。

（2）轻度、中度及重度噪声聋患者均应调离噪声作业场所，需要进行劳动能力鉴定者，按“劳动能力鉴定劳动者工伤与职业病致残等级”处理。

（3）重度噪声聋患者应佩戴助听器；对噪声敏感者［即上岗前检查听力正常，在噪声环境下作业1年，高频段3000Hz、4000Hz、6000Hz任一频率，任一耳达65dB（HL）］应调离噪声工作场所。

09 如何进行职业性噪声聋的治疗？

对职业性噪声聋目前还没有有效的治疗方法，故早期进行听力保护，加强预防控制措施至关重要。

第四部分
权益维护

01 签订劳动合同有哪些注意事项？

劳动者在与用人单位签订劳动合同时，应注意合同是否具备以下条款：

（1）用人单位的名称、住所和法定代表人或者主要负责人。

（2）劳动者的姓名、住址和居民身份证或者其他有效证件号码。

（3）劳动合同期限。

（4）工作内容和工作地点。

（5）工作时间和休息休假。

（6）劳动报酬。

（7）社会保险。

（8）劳动保护、劳动条件和职业危害防护。

除上述必备条款外，用人单位与劳动者还可协商约定试用期、培训、保守秘密、补充保险和福利待遇等其他事项。

对于劳动保护、劳动条件和噪声危害防护标准，国家制定了一系列法律、法规和政策，凡是国家有规定的，用人单位必须严格执行。劳动合同约定的劳动条件和噪声危害防护等标准条件，只能高于国家规定，国家没有规定的，用人单位和劳动者双方在劳动合同约定标准时，必须以对从业劳动者的身体健康和生命安全不构成威胁为前提。

从事噪声作业的劳动者，应特别注意劳动合同是否如实写明该工作可能导致的健康损害及其后果、噪声危害防护措施和待遇等内容，对此，用人单位不得隐瞒或欺骗。工作内容改变时，用人单位应与劳动者协商变更原劳动合同相关条款。劳动者有权拒绝从事没有防护措施的高噪声危害的作业，用人单位不得因此解除或者终止与劳动者所订立的劳动合同。

劳动合同一式两份，用人单位一份，劳动者一份，用人单位盖章后交给劳动者的合同，劳动者必须保存好，因为一旦发生劳动争议或职业病认证问题，虽然相关法律规章中明确规定事实劳动关系存在，劳动争议仲裁委员会可以受理并依法裁决，但从证据效力上，劳动合同的证明力更强。

02 从事噪声作业劳动者享有哪些健康保障权益？

获得职业健康保障是劳动者的基本权利之一。这些权利在《宪法》《劳动法》《工会法》《劳动合同法》《安全生产法》《职业病防治法》等多部法律中都有明确表述，因此，劳动者行使这些权利是有国家强制力作保障的。

（1）知情权：劳动者有了解所在工作场所的噪声危害和防护设施情况、职业健康检查结果的权利。

（2）接受培训教育权：劳动者有接受职业卫生教育、培训的权利。

（3）获得职业健康保护权：劳动者依法享有职业卫生保护的权利，包括职业健康监护、职业病诊断、治疗、疗养、康复等职业卫生服务的权利；有要求用人单位提供生产性噪声防护设施、个人防护用品和改善工作条件的权利；从事噪声作业的劳动者，按规定接受职业健康检查所占用的生产、工作时间，应按正当出勤处理。如果职业病防治机构认为劳动者需要住院作进一步检查，无论其最后是否诊断为职业病，在此期间可享受职业病待遇。

（4）依法拒绝作业权：劳动者有拒绝在没有卫生防护条件下从事高噪声危害作业权，有权拒绝违章指挥、强令冒险作业。

（5）要求赔偿权：劳动者对因生产性噪声危害造成的职业性噪声聋，有依法要求赔偿的权利。

（6）参与职业卫生民主管理权：劳动者有参与用人单位职业卫生工作的民主管理、民主监督的权利。

（7）请求建议权：劳动者有对生产场所噪声危害治理提出建议的权利。

（8）检举、控告权：劳动者有对用人单位违反职业病防治法律、法规，侵害劳动者健康权益的行为进行检举和控告的权利。

（9）特殊保障权：未成年人、女性劳动者、有职业禁忌的劳动者享有特殊职业卫生保护的权利。

（10）劳动合同保障权：劳动者有权要求用人单位在劳动合同中保障其劳动安全、防止职业危害和为其办理工伤保险等。有权要求用人单位不得以任何形式，与劳动者订立违反劳动合同法的其他协议，以免除或减轻其对劳动者因生产安全事故伤亡和职业病依法应承担的法律责任。

03 劳动者被确诊为职业性噪声聋后如何获得职业病待遇？

劳动者一旦被诊断、鉴定为职业性噪声聋，所在单位应当自诊断、鉴定为职业病之日起30日内，向统筹地区劳动保障行政部门提出工伤认定申请。遇有特殊情况，经报劳动保障行政部门同意，申请时限可以适当延长。

用人单位未按规定提出工伤认定申请的，患病劳动者或者其直系亲属、工会组织在劳动者被诊断、鉴定为职业病之日起1年内，可以直接向用人单位所在地统筹地区劳动保障行政部门提出工伤认定申请。用人单位未在规定的时限内提交工伤认定申请，在此期间发生符合规定的工伤待遇等有关费用，由该用人单位负担。

劳动者患职业性噪声聋后，一般在参保地进行工伤认定、劳动能力鉴定，并按参保地的规定依法享受工伤保险待遇。用人单位在注册地和生产经营地均未参加工伤保险的，劳动者患职业性噪声聋后，在生产经营地进行工伤认定、劳动能力鉴定，并按生产经营地的规定，依法由用人单位支付工伤保险待遇。

04 职业性噪声聋患者依法享有哪些职业病待遇？

根据国家有关法律规定，职业性噪声聋患

者依法享有下列待遇：

职业性噪声聋患者依法享有国家规定的职业病待遇。用人单位应当按照国家有关规定，安排职业性噪声聋患者进行治疗、康复和定期检查。用人单位对已确诊的职业性噪声聋患者，应当调离接触噪声作业岗位，并妥善安置。

劳动者被诊断患有职业性噪声聋，但用人单位没有依法参加工伤社会保险的，其医疗和生活保障由最后的用人单位承担；最后的用人单位有证据证明该职业性噪声聋是由先前用人单位的职业病致害因素造成的，其医疗和生活保障由先前的用人单位承担。

用人单位应当及时安排对“观察对象”进行诊断，在其进行诊断或医学观察期间，不得解除或者终止与其订立的劳动合同。诊断或医学观察期间的费用，由用人单位承担。

职业性噪声聋患者的诊疗、康复费用，按照国家有关工伤社会保险的规定执行。

职业性噪声聋患者变动工作单位，其依法

享有的待遇不变。用人单位发生分立、合并、解散、破产等情形的，应当对从事接触噪声危害作业的劳动者进行健康检查，并按照国家有关规定，妥善安置职业性噪声聋患者。

职业性噪声聋患者除依法享有工伤社会保险外，依照有关民事法律，尚有获得赔偿权利的，有权向用人单位提出赔偿要求。

05 用人单位在噪声防治工作中承担哪些责任？

我国《劳动法》《职业病防治法》《安全生产法》等多部法律都对用人单位的职业病防治责任做出了规定，明确用人单位对本单位噪声防治工作负全面责任，用人单位的主要负责人为第一责任人，依法承担噪声防治责任。

（1）为劳动者提供健康保障：用人单位应采取必要的噪声治理措施、采用有效的隔声、降噪防护设施，为劳动者提供符合国家职业卫生标准的工作场所和作业环境，为劳动者提供个人防护用品。

(2) 加强职业卫生管理：负责对本单位的噪声防治工作管理，定期进行工作场所噪声危害检测和评价；对从事噪声作业的劳动者进行健康监护，建立职业健康监护档案；按照国家规定组织劳动者上岗前、在岗期间和离岗时的职业健康检查并承担相关费用，并将检查结果如实告知劳动者。

(3) 参加工伤社会保险：用人单位应当依法参加工伤社会保险，为劳动者交纳工伤保险费用。

(4) 噪声危害申报和报告：用人单位应当及时、如实向负责作业场所职业健康监管的行政部门申报噪声危害项目和噪声危害检测、评价结果。

(5) 履行职业危害告知和培训教育义务：用人单位应当对劳动者进行上岗前、在岗期间的职业卫生培训和教育，并通过劳动合同、设置公告栏、警示标识和提供说明书等方式，告知劳动者作业场所可能产生的危害因素及其对健康的影响，不得隐瞒其危害。

（6）落实职业性噪声聋患者待遇：劳动者在被确诊患有职业性噪声聋后，其所在单位应根据职业病诊断机构的意见安排其进行治疗、疗养和定期检查。对已确诊的职业性噪声聋病人，应当调离噪声作业岗位，并妥善安置。

（7）保护特殊劳动者：用人单位不得安排未成年人从事接触噪声危害因素的作业，不得安排孕妇、哺乳期女劳动者从事对本人和胎儿、婴儿有危害的噪声作业。

（8）提供举证：劳动者申请做职业性噪声聋鉴定时，用人单位应当及时、如实提供职业性噪声聋诊断所需的有关职业卫生和健康监护等资料。

06 劳动者应尽哪些义务？

劳动者在享有职业健康保护权利的同时，也必须履行相应的义务，概括起来主要包括以下几个方面：

（1）遵守安全卫生规章制度和操作规程的义务。劳动者应当“执行劳动安全卫生规程，遵守劳动纪律和职业道德”“在劳动过程中必须严格遵守安全操作规程”。这就意味着在生产活动过程中，劳动者必须增强法纪观念，自觉遵章守纪，把遵守规章制度和落实操作规程贯穿于具体的作业活动之中。

（2）服从管理的义务。为了保持良好的生产劳动秩序，保障自身与他人的安全和健康，劳动者必须服从管理人员依照规章制度和操作规程进行的安全卫生管理。根据法律规定，劳动者不服从管理，违反劳动安全卫生规章制度和操作规程的，由生产经营单位给予批评教育，依照有关规章制度给予处分；造成重大事故，构成犯罪的，依法追究刑事责任。

（3）正确佩戴和使用劳动防护用品的义务。正确佩戴和使用劳动防护用品，是因为不同的劳动防护用品具有特定的佩戴和使用的规则及方法，劳动者要努力掌握这些规则和方法。

（4）掌握劳动安全卫生知识与提高技术技能的义务。通过接受劳动安全卫生教育培训，掌握劳动安全卫生知识和提高技术技能，既是劳动者享有的权利，也是劳动者必须履行的法定义务。这就要求劳动者必须自觉地接受劳动安全卫生教育培训，不断适应生产活动的知识和技能要求。

（5）发现事故隐患和职业危害并及时报告的义务。劳动者发现事故隐患或者其他不安全因素，应当立即向现场管理人员或者本单位负责人报告。这项义务要求劳动者不仅要具备对各类事故隐患的识别能力，还必须具有强烈的责任心和大局意识。

07 劳动者有哪些维权途径？

根据《劳动法》和《企业劳动争议处理条例》的规定，劳动者与用人单位因职业卫生和劳动保护发生争议后，可以与本单位行政进行协商，也可以向本单位劳动争议调解委员会申请调解，调解不成的，可以向劳动仲裁委员会申请仲裁。劳动者也可以在劳动争议发生后直接向劳动争议仲裁委员会申请仲裁。劳动争议仲裁委员会不予受理或者当事人对仲裁裁决不服的，还可以向人民法院提起诉讼。

劳动者的职业健康合法权益受到侵害时，还可以拨打“劳动者维权热线12351”向各级工会组织反映。劳动者维权热线已经在全国总工会和省（自治区、直辖市）总工会、地（市）总工会开通运行。劳动者向当地工会反映情况，可直接拨打本地区劳动者维权热线电话“12351”；拨打本地区以外的劳动者维权热线电话在“12351”号码前加拨所要拨打地区的长途区号。